슬기로운 초등 입학 준비를 위한

자신만만
1학년

 **머리말**

교재를 시작하기 전, 아빠, 엄마가
세상에서 가장 다정한 목소리로
아이에게 읽어 주세요.

자신만만한 1학년이 되고 싶은 친구들,
여기 모두모두 모여요!

사랑스러운 우리 친구들을 위해
이은경 선생님이 재미있고, 새롭고, 신나고, 귀여운 것들을
가득가득 준비했어요.
학교에 들어가기 전 우리 친구들이 느낄 걱정을
한 방에 해결할 열쇠가 바로 이 책에 있답니다.

이 책에서 친구들이 하게 될 활동이 무엇일지 정말 궁금하죠?
복잡한 구구단일까요? 어려운 맞춤법일까요?

땡, 모두 아니에요!

결코 복잡하거나 어렵지 않아요.
자신만만한 1학년이 되고 싶은 우리 친구들이
미리 해 봐야 할 즐거운 활동으로 가득하답니다.
이 책에 나온 활동들을 모두 하고 나면,
진짜 1학년이 되어 공부하고 생활하고 숙제하는 데 전혀
어려움 없이 척척 해낼 수 있을 거예요.
정말 이것만 하면 되냐고요? 네, 그래요!

「자신만만 1학년」 시리즈의 다양한 활동을
한 번씩만 해 보면 1학년 수업은 식은 죽 먹기가 될 거예요!

1. 색연필로 색칠하고 그려요

소근육이 크게 발달하는 1학년 아이들에게는 연필보다 색연필이 훨씬 좋은 필기구가 되어 줄 거예요. 의젓한 자세로 뾰족한 연필을 들고 글씨를 또박또박 써 내려가려면, 뭉툭하지만 단단한 색연필로 먼저 써보는 경험이 필요하답니다.

색연필처럼 뭉툭하게 잘 써지는 사인펜을 좋아하는 친구도 있겠지만, 사인펜은 추천하지 않아요. 색연필에 비해 너무 미끄럽거든요. 색연필로 색칠하고 따라 그리다 보면 연필로 글씨를 바르게 쓰는 데 도움이 된답니다.

✳참 잘했어요!

각 활동마다 칭찬 스티커를 붙일 수 있는 자리가 있어요. 아이가 여러 가지 활동을 잘 해내면 부록에 있는 칭찬 스티커를 떼어 스스로 붙일 수 있게 해 주세요. 자신감과 성취감이 쑥쑥 높아질 거예요.

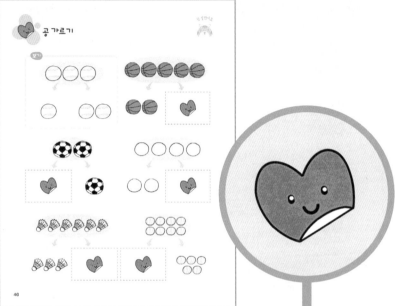

2. 스티커를 찾아 붙여요

스티커를 떼어 알맞은 곳에 붙이는 활동은 초등학교 교과서에도 자주 등장하는 중요한 활동이에요. 입학하기 전에 스티커 떼어 붙이기를 충분히 해 본 아이는 교과 수업에 자신감을 가질 수 있어요.

얼핏 단순한 놀이처럼 보이지만, 스티커를 떼어 정확한 위치에 붙이는 활동은 뇌와 눈과 손이 정확하게 협응해야만 가능한 일이에요. 아이에게 도움을 많이 주는 복잡한 활동이자, 소근육을 즐겁게 사용하도록 유도하는 만능 통치약 같은 활동이랍니다.

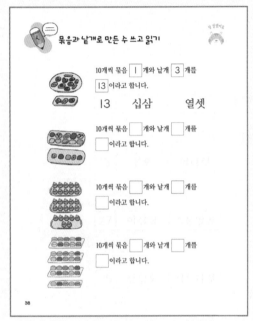

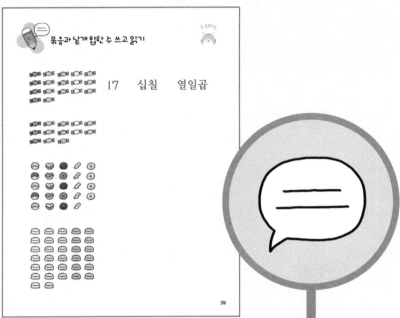

3. 천천히 큰 소리로 읽어요

이제 막 초등학교에 입학할 아이에게 한글 읽기는 부담스럽고 두려운 숙제가 될 수 있어요.

아직 한글로 숫자 읽기에 익숙하지 않다면, 아이가 읽을 만한 글자를 찾아 더듬더듬 한 글자씩이라도 읽을 때마다 크게 칭찬해 주세요. 아빠, 엄마가 억지로 읽어 보게 시키거나 잘 읽지 못했다고 혼내지 않기 위해 마음을 다잡아 주세요. 책을 잘 읽는 아이라면 천천히 큰 소리로 읽게끔 유도해 주세요.

4. 연필로 또박또박 써요

아이의 1학년 입학을 앞둔 아빠, 엄마의 조급한 마음을 잘 알고 있습니다만 누가 더 빨리 연필을 잡고 글씨를 쓰느냐로 결정되는 건 아무것도 없답니다. 한글을 먼저 읽는 순서대로 좋은 대학에 합격하는 것이 아니듯, 쓰기를 시작하는 시기 역시 크게 중요한 건 아니에요. 수학도 마찬가지입니다. 누가 더 빨리 숫자를 익히고, 사칙 연산을 하느냐로 결정되는 건 아무것도 없어요. 아이가 이 책을 여기저기 넘기면서 천천히 수를 세어 연필로 쓰고, 그림을 보고 가르고 묶어 보는 활동으로 충분하답니다. 이 과정에서 자연스럽게 연필 잡는 법도 익히고, 덧셈, 뺄셈까지 익히게 될 거예요. 그때가 되면 세상에서 가장 큰 박수로 아이의 성장을 기뻐하는 아빠, 엄마가 되어 주세요.

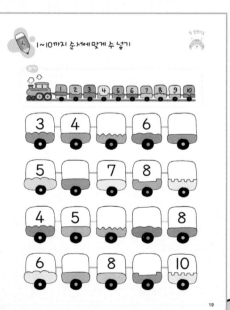

이렇게 공부할래요!

정답은 **96쪽**에

1

수 세기

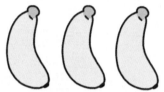

1 2 ③ 4 5

1 2 3 4 5

1 2 3 4 5

1 2 3 4 5

1 2 3 4 5

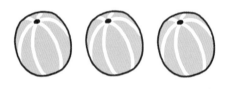

1 2 3 4 5

과일 개수만큼 색칠하기

 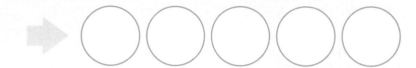

그림에 알맞은 수 연결하기

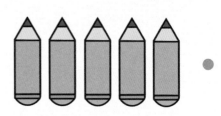 •   •  3

 •   •  5

 •   •  2

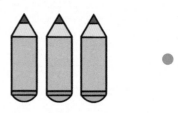 •   •  1

 •   • 4

손가락 개수만큼 연필 색칠하기

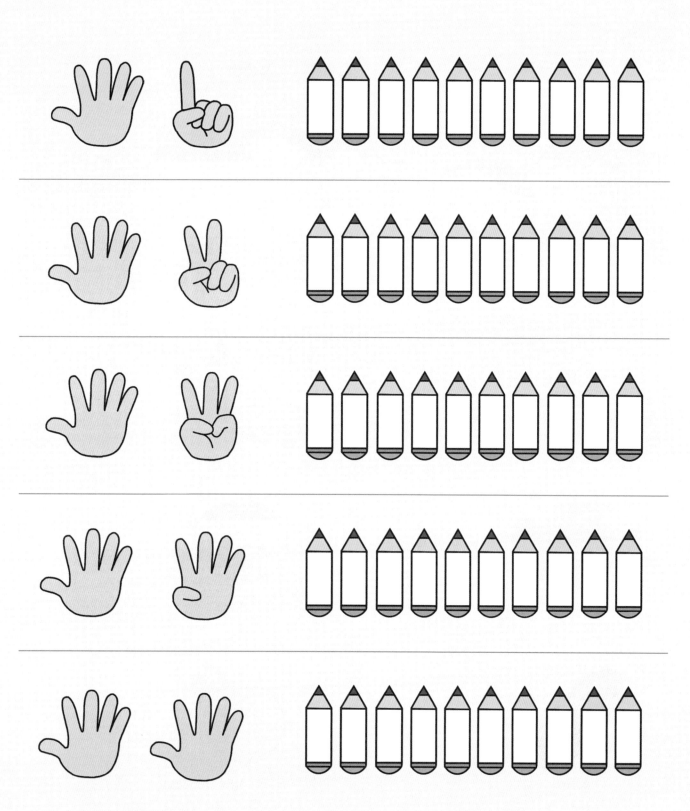

그림 속 물건의 개수 세기

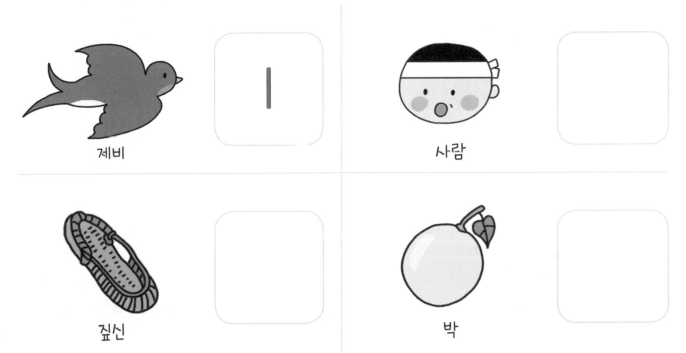

제비 | 1

사람 |

짚신 |

박 |

16

놀이기구의 수 세기

1~5까지 순서대로 동물 스티커 붙이기

보기

1~10까지 순서에 맞게 수 넣기

보기

| 큰 수 세기

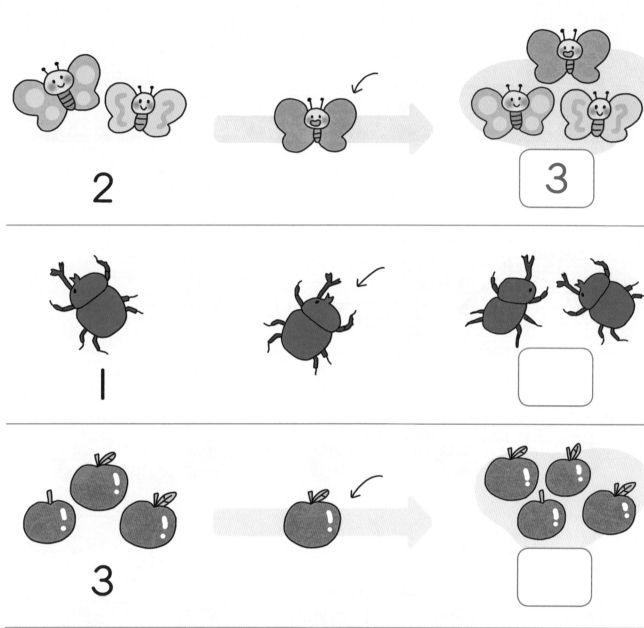

1 작은 수 세기

4

3

3

7

6

1~5까지 수 세어 크기 비교하기

6~10까지 수 세어 크기 비교하기

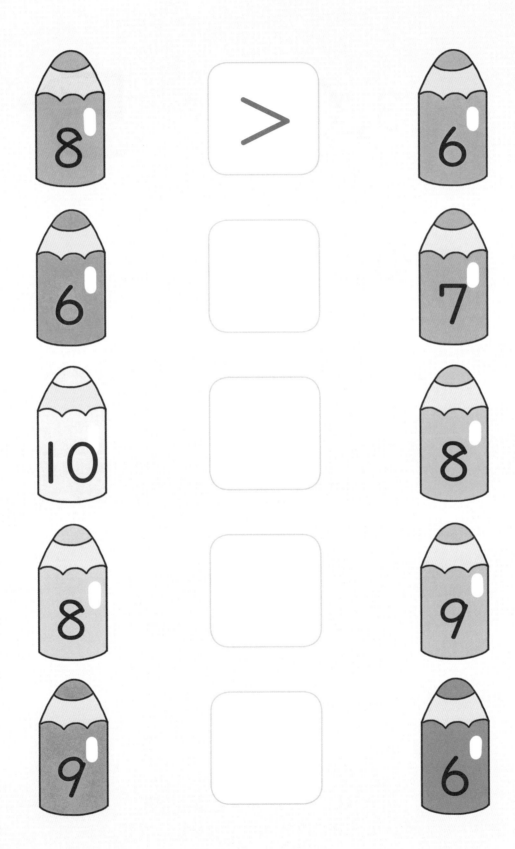

보기

2, 3, ⑤

5, 6, 8, 2

나는 예비 초등학교 1학년 ☐ 반이고,

내 이름은 ☐☐☐ 이에요.

나는 공책이 ☐ 개, 연필이 ☐ 개, 지우개가 ☐ 개,

색연필이 ☐ 개 있어요.

2

숫자 읽고 쓰기

참 잘했어요

1	일	하나
2	이	둘
3	삼	셋
4	사	넷
5	오	다섯

참 잘했어요

6	육	여섯
7	칠	일곱
8	팔	여덟
9	구	아홉
10	십	열

교실 속 물건과 사람의 수 세어 쓰고 읽기

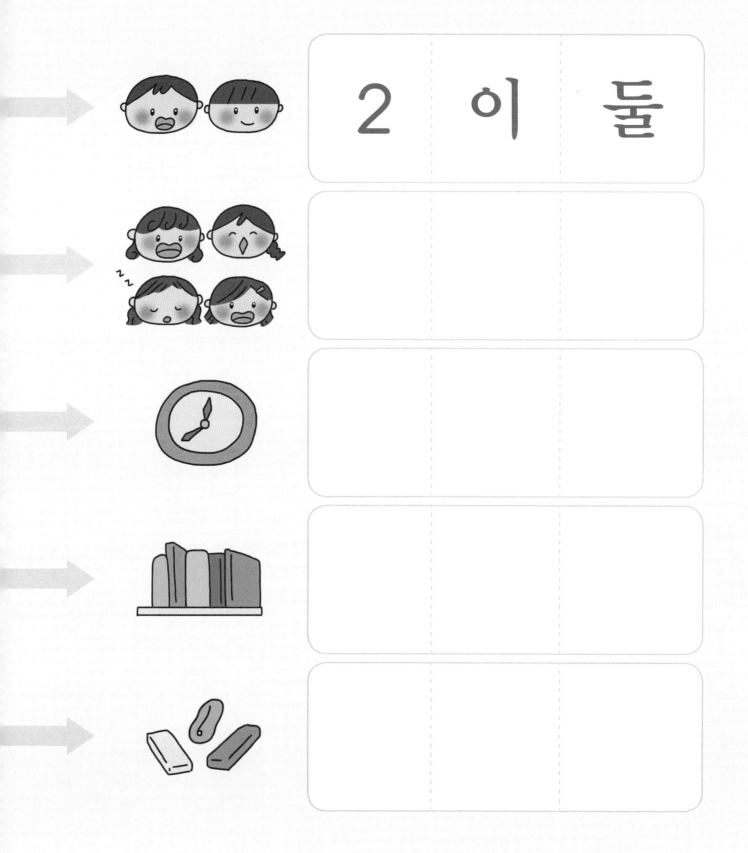

2   이   둘

숨은 숫자 찾아 쓰기

참 잘했어요

6	육	여섯

창 잘했어요

묶음   (십, 열)

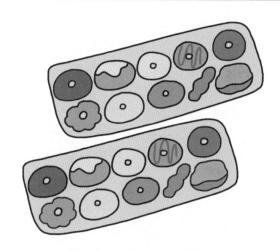

묶음   (이십, 스물)

묶음   (삼십, 서른)

10~30까지 묶음과 낱개 합하여 수 세기

$$1 + 4 = 14$$

묶음   낱개

$$\boxed{} + \boxed{} = \boxed{}$$

묶음   낱개

$$\boxed{} + \boxed{} = \boxed{}$$

묶음   낱개

4	40
묶음	(사십, 마흔)

묶음	(오십, 쉰)

창 잘했어요

$$4 + 4 = 44$$

묶음　　　낱개

$$\boxed{} + \boxed{} = \boxed{}$$

묶음　　　낱개

묶음과 낱개로 만든 수 쓰고 읽기

10개씩 묶음 | 1 | 개와 낱개 | 3 | 개를
| 13 | 이라고 합니다.

| 13 | 십삼 | 열셋 |

10개씩 묶음 | | 개와 낱개 | | 개를
| | 이라고 합니다.

| 15 | 십오 | 열다섯 |

10개씩 묶음 | | 개와 낱개 | | 개를
| | 이라고 합니다.

| 27 | 이십칠 | 스물일곱 |

10개씩 묶음 | | 개와 낱개 | | 개를
| | 이라고 합니다.

| 35 | 삼십오 | 서른다섯 |

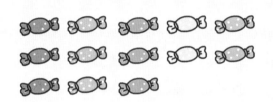

17	십칠	열일곱

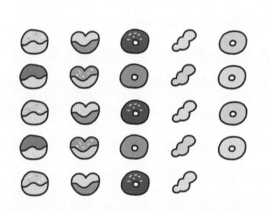

묶음과 낱개 합한 수 쓰고 읽기

39

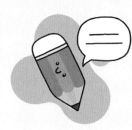

달력 보고 날짜 쓰고 읽기

부모님을 위한 날,
어버이날은

05

일	월	화	수	목	금	토
			1	2	3	4
5	6	7	8	9	10	11
12	13	14	15	16	17	18
19	20	21	22	23	24	25
26	27	28	29	30	31	

5 월   8 일

법이 만들어진 날,
제헌절은

07

일	월	화	수	목	금	토
	1	2	3	4	5	6
7	8	9	10	11	12	13
14	15	16	17	18	19	20
21	22	23	24	25	26	27
28	29	30	31			

월   일

한글의 소중함을 아는 날,
한글날은

10

일	월	화	수	목	금	토
		1	2	3	4	5
6	7	8	9	10	11	12
13	14	15	16	17	18	19
20	21	22	23	24	25	26
27	28	29	30	31		

월   일

크리스마스,
성탄절은

12

일	월	화	수	목	금	토
1	2	3	4	5	6	7
8	9	10	11	12	13	14
15	16	17	18	19	20	21
22	23	24	25	26	27	28
29	30	31				

월   일

수를 이어 그림 그리기

참 잘했어요

행복한 생일 날!
생일 케이크를 예쁘게 완성해 보세요.

내 생일은 [ ]월 [ ]일이에요.

내 나이는 [ ]살이에요.

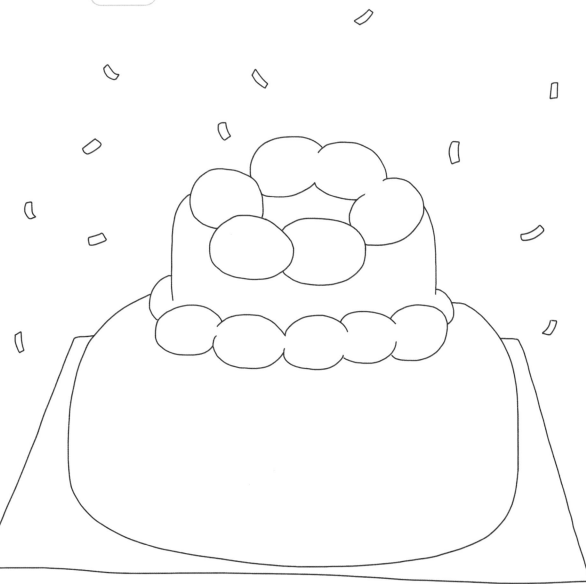

3

가르기

 # 공 가르기

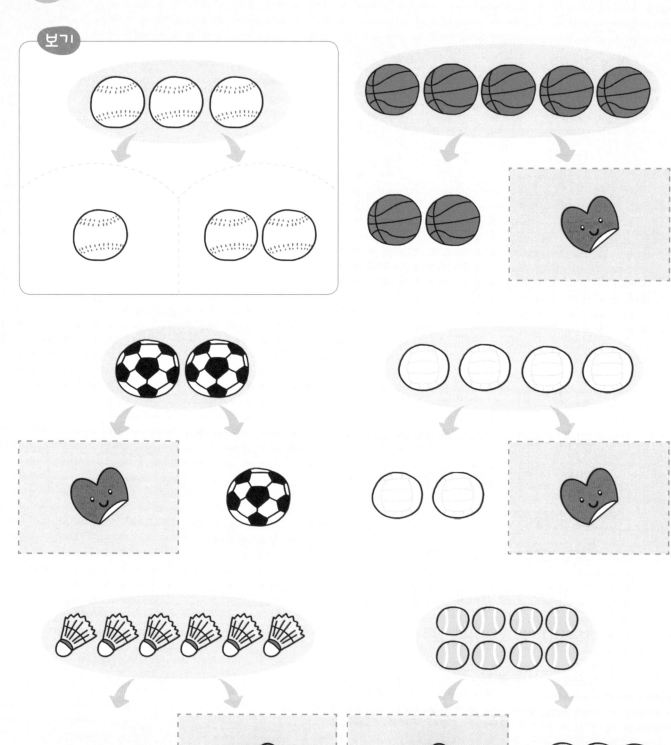

파란 풍선과 빨간 풍선 가르기

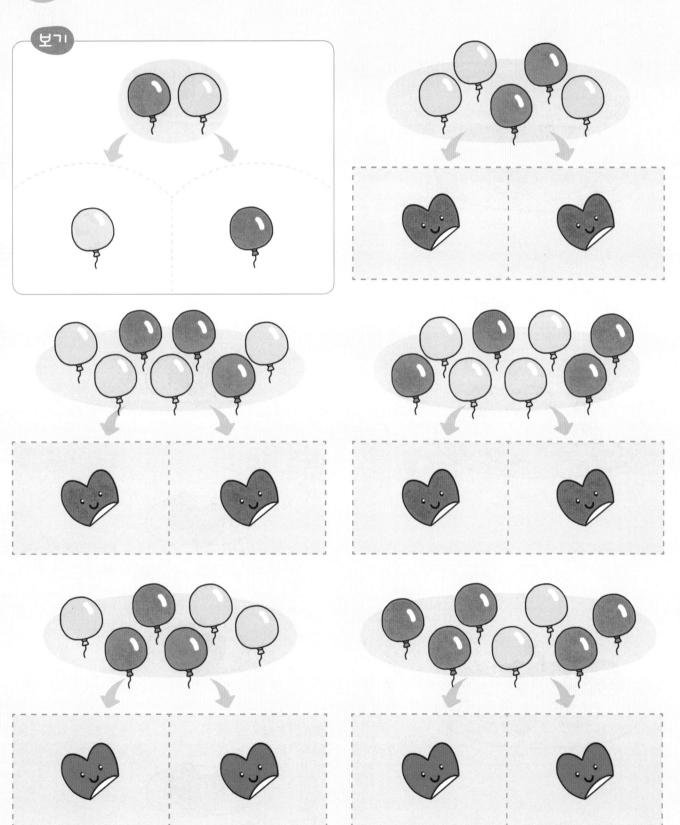

보기

과일 스티커 붙이고 알맞은 수 쓰기

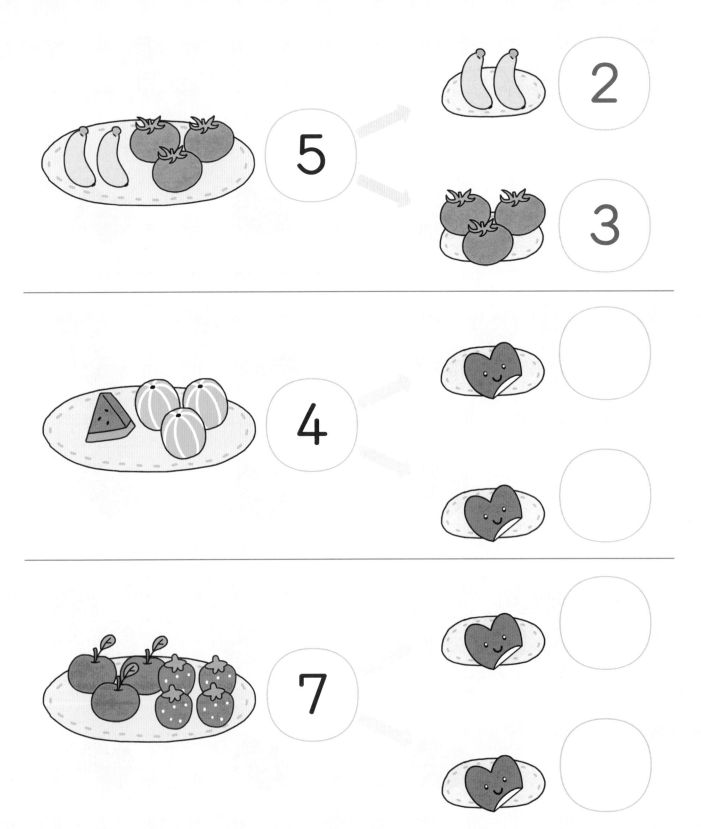

5

2

3

4

7

한 수를 두 수로 가르기

참 잘했어요

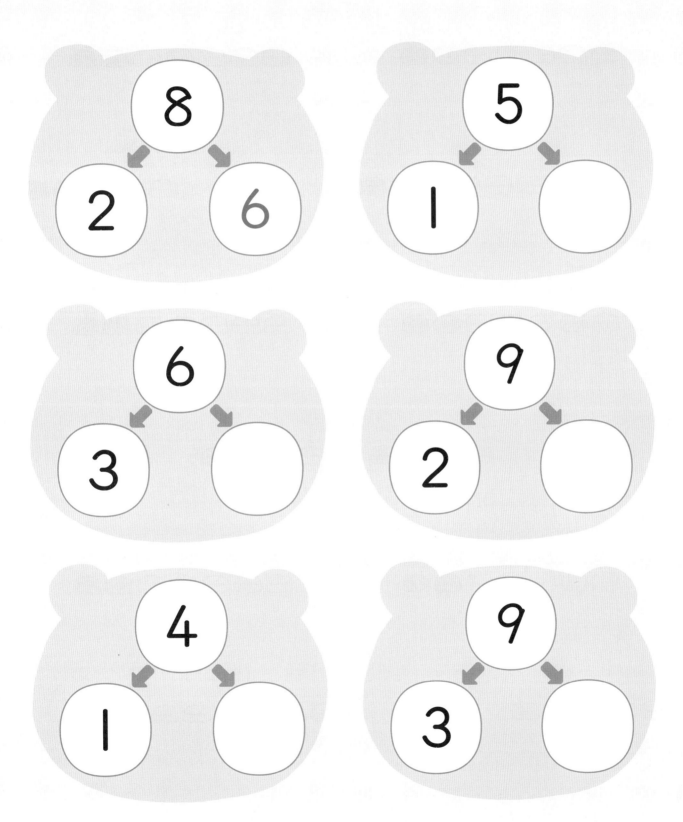

8
2   6

5
1

6
3

9
2

4
1

9
3

7을 다양한 수로 가르기

7

1   6

7

7

7

7

7

10을 가르고, 수에 맞춰 스티커 붙이기

창 잘했어요

(5) (5)

(3) (   )

(4) (   )

(8) (   )

10을 가르고, 수에 맞춰 스티커 붙이기

51

6   13   7

6   15

7   14

8   19

선을 그려 넣어 같은 수로 가르기

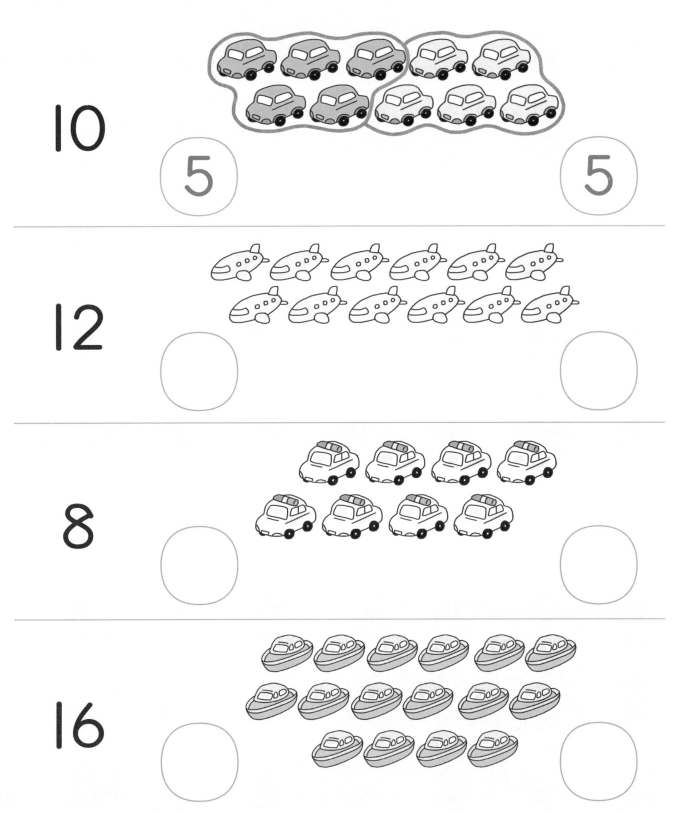

10 ⑤   ⑤

12 ◯   ◯

8 ◯   ◯

16 ◯   ◯

10개씩 묶음으로 색칠해서 가르기

20 개

2 묶음

30 개

묶음

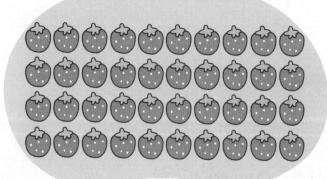

40 개

묶음

학용품 개수를 세어 써 보세요.

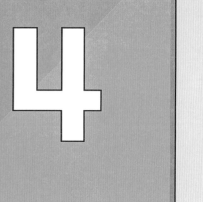

4

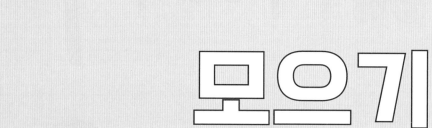

모으기

- 다양한 물건을 구분해서 모으기

- 두 수를 모으기

- 6, 7, 9가 되도록 두 수 묶기

- 10이 되도록 하트 모양 더 그리기

- 수를 모아 알맞은 수 적기

- 알맞은 그림과 개수 연결하기

 다양한 물건을 구분해서 모으기

 4

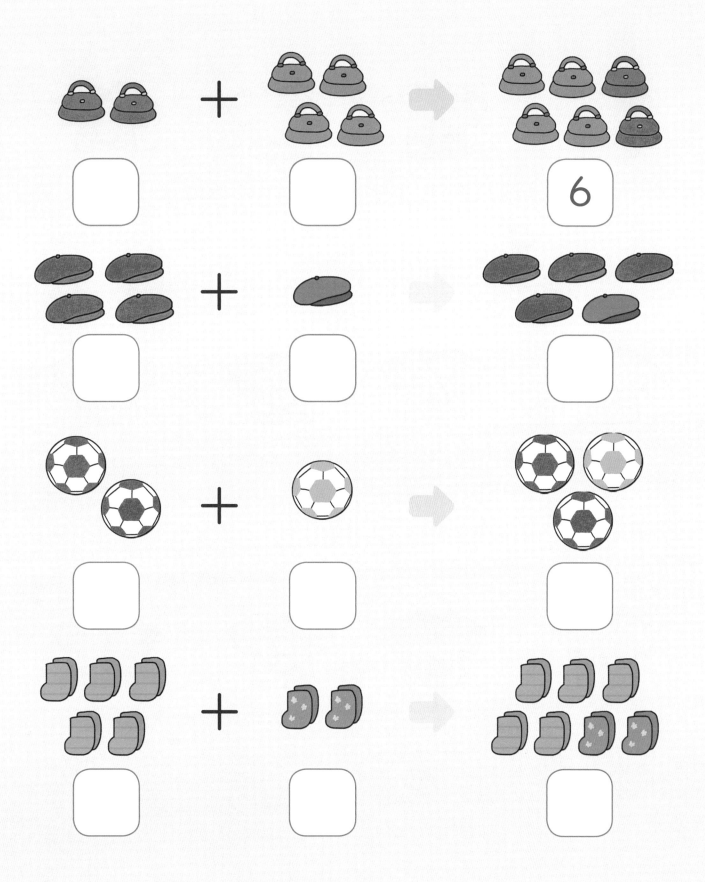

 두 수를 모으기

 참 잘했어요

5 **4**
↓ ↓
9

2 **5**
↓ ↓
[ ]

4 **4**
↓ ↓
[ ]

3 **3**
↓ ↓
[ ]

7 **2**
↓ ↓
[ ]

3 **1**
↓ ↓
[ ]

6,7,9가 되도록 두 수 묶기

3	2	4
2	3	2
1	5	6

 6 을 만들어요.

 7 을 만들어요.

5	4	3
2	1	5
3	1	6

3	6	2
1	8	7
4	5	3

9 를 만들어요.

10이 되도록 하트 모양 더 그리기

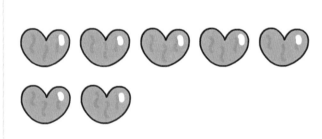

수를 모아 알맞은 수 적기

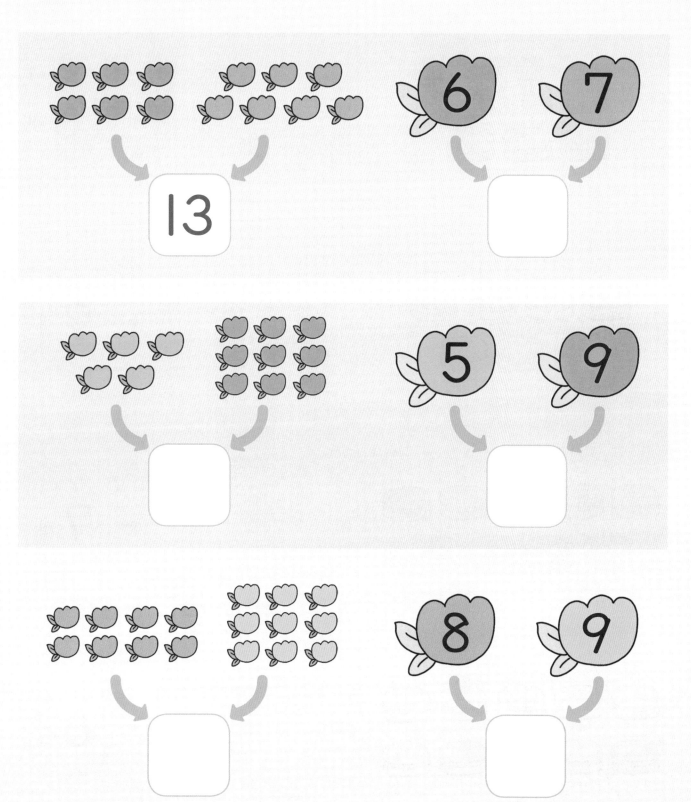

알맞은 그림과 개수 연결하기

참 잘했어요

10개

9개

7개

6개

아래의 네 가지 보물은
각각 몇 개씩 숨어 있나요?

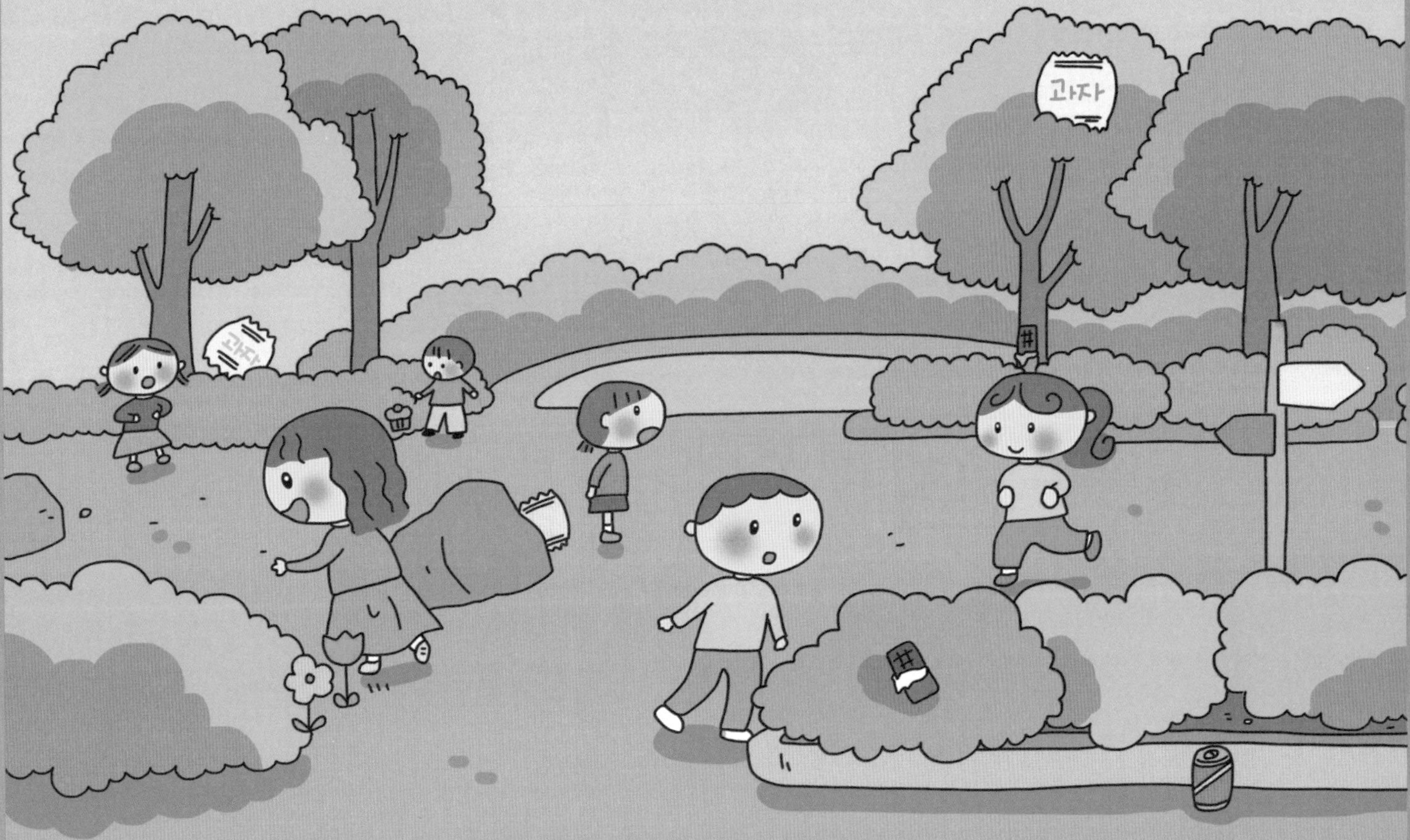

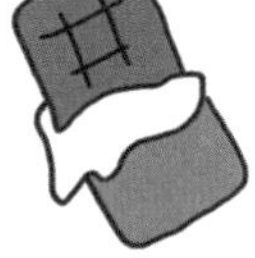

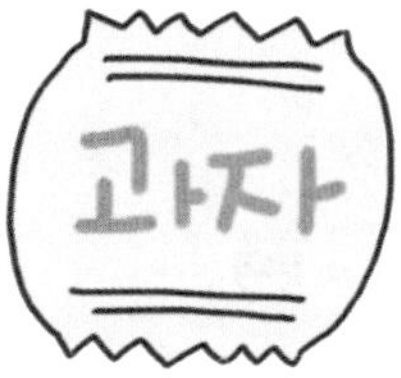

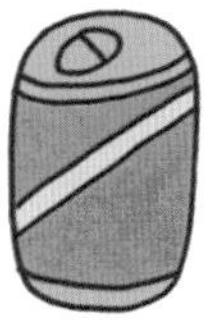

5

덧셈하기

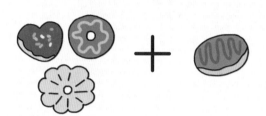 $+$ 　　3 $+$ 1 $=$ 4

 $+$ 　　2 □ 2 □ 4

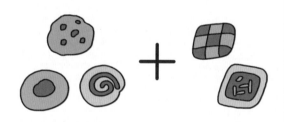 $+$ 　　3 □ 2 □ 5

 $+$ 　　4 □ 3 □ 7

덧셈식 읽고 따라 쓰기

1 + 3 = 4

1 더하기 3은 4와 같습니다.

1과 3의 합은 4입니다.

2 + 2 = 4

2 더하기 2는 4와 같습니다.

2와 2의 합은 4입니다.

3 + 2 = 5

3 더하기 2는 5와 같습니다.

3과 2의 합은 5입니다.

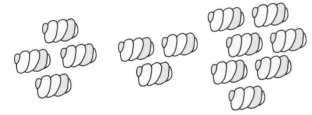

4 + 3 = 7

4 더하기 3은 7과 같습니다.

4와 3의 합은 7입니다.

덧셈식 쓰고 읽기

쓰기

1 + 3 = 4

읽기

1 더하기 3은 4와 같습니다.
1과 3의 합 은 4입니다.

쓰기

2 + 1 = 3

읽기

_____

_____

쓰기

3 + 2 = 5

읽기

_____

_____

창 잘했어요

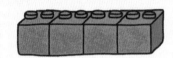

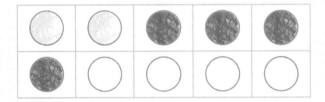

2 + 4 = 6

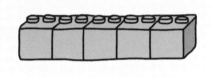

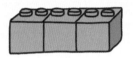

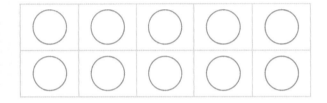

☐ + ☐ = ☐

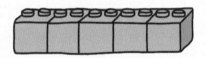

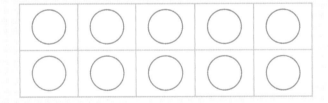

☐ + ☐ = ☐

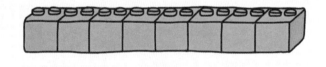

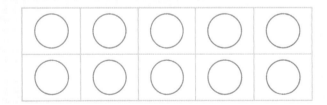

☐ + ☐ = ☐

모으기로 덧셈식 만들기

3   4

7

| 3 | + | 4 | = | 7 |

 2   3

( )

[ ] + [ ] = [ ]

 1   5

( )

[ ] + [ ] = [ ]

 4   4

( )

[ ] + [ ] = [ ]

그림과 알맞은 식 연결하기

창 잘했어요

2+6= ☐

3+2= ☐

3+4= ☐

4+5= ☐

둘 중 수가 0인 곳에 동그라미 하기

0이 있는 덧셈식 완성하기

참 잘했어요

$3 + 0 = \boxed{}$

$4 + \boxed{} = 4$

$1 + 0 = \boxed{}$

$3 + \boxed{} = 3$

0이 있는 덧셈식 완성하기

참 잘했어요

$0+6=\boxed{}$

$7+\boxed{}=7$

$0+8=\boxed{}$

$9+\boxed{}=9$

덧셈식 만들고 읽기

2 와 5 의 합은 7 이야.

(2) + (5) = (7)

___ 와 ___ 의 합은 ___ 야.

( ) + ( ) = ( )

___ 와 ___ 의 합은 ___ 이야.

( ) + ( ) = ( )

더해서 8이 되는 길 찾기

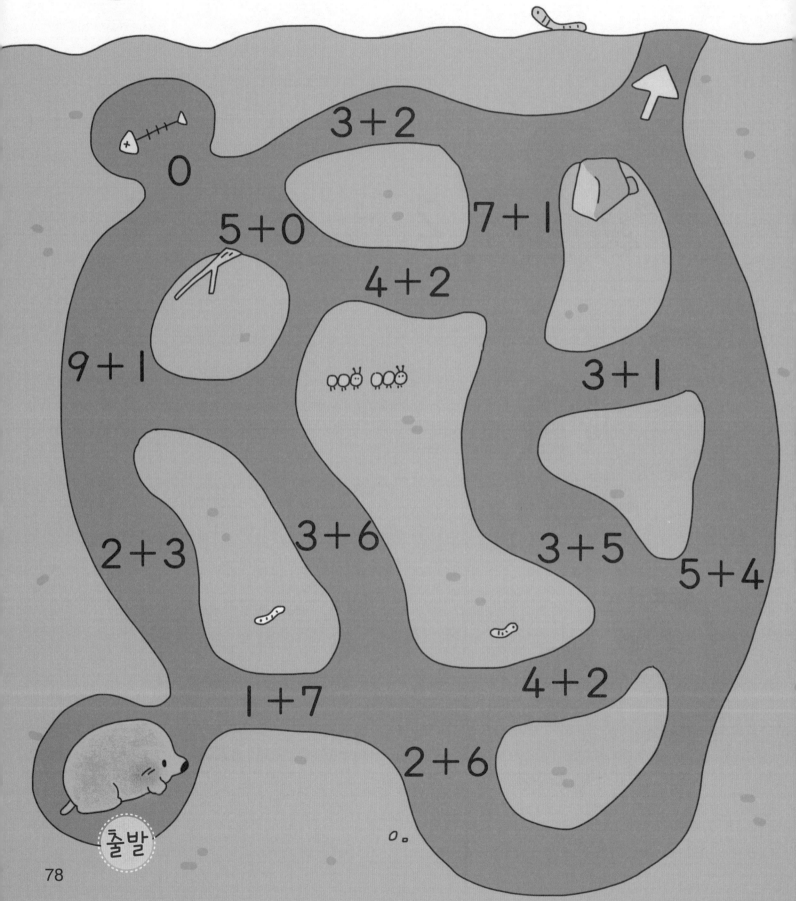

답이 같아지는 덧셈하기

$0+5=$ ☐

$1+4=$ ☐

$2+3=$ ☐

$5+0=$ ☐

$3+3=$ ☐

$1+5=$ ☐

$2+4=$ ☐

$6+0=$ ☐

$3+4=$ ☐

$2+5=$ ☐

$1+6=$ ☐

$0+7=$ ☐

답이 같아지는 덧셈하기

참 잘했어요

3+1= ☐   4+1= ☐

3+2= ☐   4+2= ☐

3+3= ☐   4+3= ☐

3+4= ☐   4+4= ☐

3+5= ☐   4+5= ☐

3+6= ☐   4+6= ☐

숫자가 점점 커지는 덧셈하기

그림을 보고 아래의 식을 완성해 보세요.

남자　　　　　여자

___ 명 ＋ ___ 명 ＝ ___ 명

___ 마리 ＋ ___ 마리 ＝ ___ 마리

6

뺄셈하기

  　3 □ − □ 1 □ = □ 2

 − 　2 □ 1 □ 1

 −  　4 □ 2 □ 2

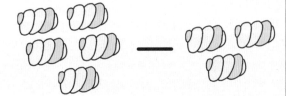 − 　5 □ 3 □ 2

뺄셈식 읽고 따라 쓰기

$$3 - 1 = 2$$

3 빼기 1은 2와 같습니다.
3과 1의 차는 2입니다.

$$2 - 1 = 1$$

2 빼기 1은 1과 같습니다.
2와 1의 차는 1입니다.

$$4 - 2 = 2$$

4 빼기 2는 2와 같습니다.
4와 2의 차는 2입니다.

$$5 - 3 = 2$$

5 빼기 3은 4와 같습니다.
5와 3의 차는 2입니다.

뺄셈식 읽고 따라 쓰기

뺀 만큼 동그라미를 지워 뺄셈식 완성하기

창 잘했어요

○ ○ ○ ∅ ∅ ∅

$6 - 3 = \boxed{3}$

○ ○ ○ ○ ○

$5 - 1 = \boxed{}$

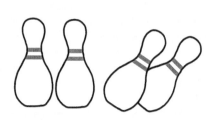

○ ○ ○ ○

$4 - \boxed{} = \boxed{}$

○ ○ ○ ○ ○ ○ ○ ○

$\boxed{} - \boxed{} = \boxed{}$

비교하며 뺄셈식 만들기

$$4 - 3 = \boxed{1}$$

$$\boxed{} - \boxed{} = \boxed{}$$

$$\boxed{} - \boxed{} = \boxed{}$$

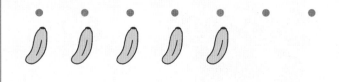

$$\boxed{} - \boxed{} = \boxed{}$$

가르기로 뺄셈식 만들기

6

③ ③

7

⑤ ◯

8

◯ ◯

9

◯ ◯

그림과 같은 뺄셈식 연결하기

 •

• 8−6= ☐

 •

• 9−5= ☐

•

• 6−2= ☐

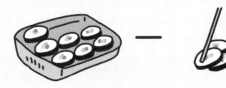 •

• 7−3= ☐

0이 있는 뺄셈식 완성하기

$$4 - 4 = \boxed{0}$$

$$6 - \boxed{} = 0$$

$$3 - \boxed{} = 3$$

 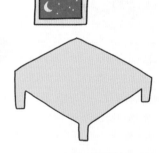

$$5 - \boxed{} = 0$$

빼서 2가 되는 곳에 색칠하기

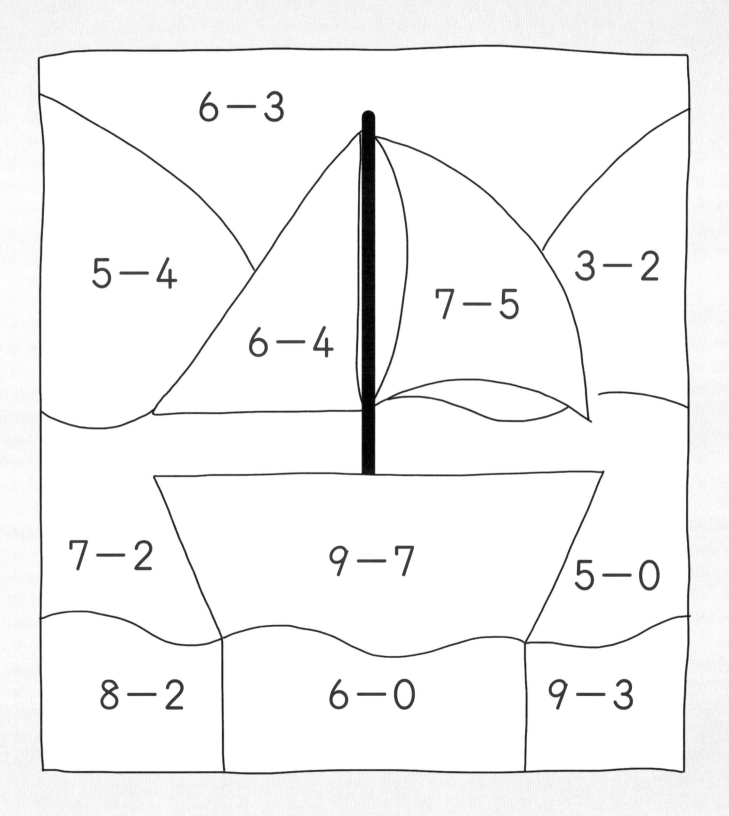

빼서 2가 되는 곳에 색칠하기

답이 같은 뺄셈하기

참 잘했어요

5 − 0 = ☐

6 − 1 = ☐

7 − 2 = ☐

8 − 3 = ☐

5 − 2 = ☐

7 − 4 = ☐

8 − 5 = ☐

9 − 6 = ☐

3 − 2 = ☐

4 − 3 = ☐

6 − 5 = ☐

9 − 8 = ☐

답이 같은 뺄셈하기

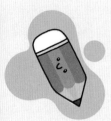

숫자가 점점 작아지는 뺄셈하기

5−0=☐

7−0=☐

5−1=☐

7−1=☐

5−2=☐

7−2=☐

5−3=☐

7−3=☐

5−4=☐

7−4=☐

5−5=☐

7−5=☐

숫자가 점점 작아지는 뺄셈하기

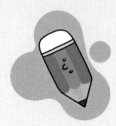 답 찾아 선으로 연결하기

6 – 5 •　　　　　• 2 •　　　　　• 7 – 4

3 – 1 •　　　　　• 1 •　　　　　• 5 – 5

2 – 2 •　　　　　• 3 •　　　　　• 4 – 3

5 – 2 •　　　　　• 0 •　　　　　• 8 – 4

9 – 5 •　　　　　• 4 •　　　　　• 3 – 1

맛있는 간식을 각각 먹고나니
몇 개가 남았을까요?

정답

12 ~ 13쪽

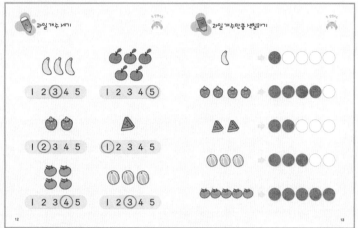

14 ~ 15쪽

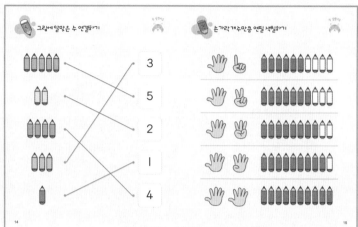

16 ~ 17쪽

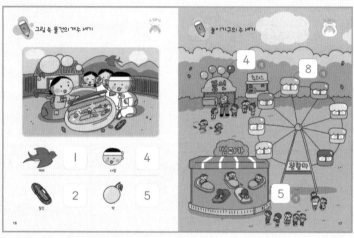

18 ~ 19쪽

20 ~ 21쪽

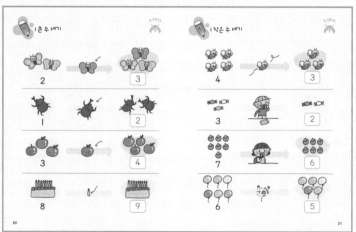

22 ~ 23쪽

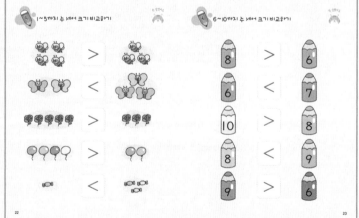

24 ~ 25쪽

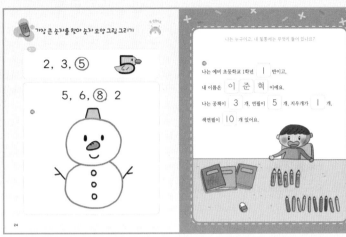

28 ~ 29쪽

30 ~ 31쪽

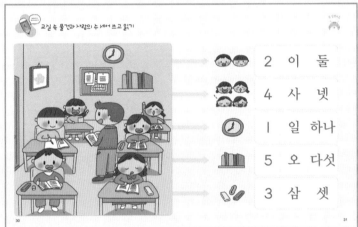

32 ~ 33쪽

34 ~ 35쪽

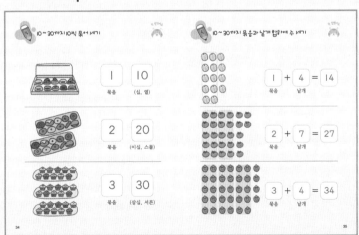

36 ~ 37쪽

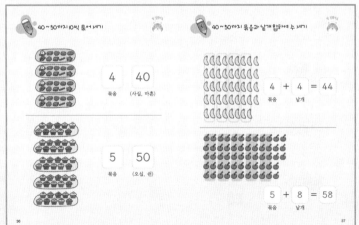

38 ~ 39쪽

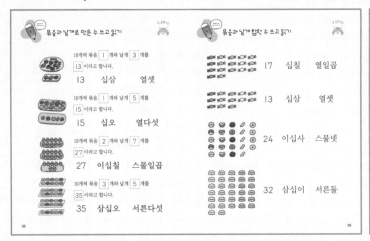

40 ~ 41쪽

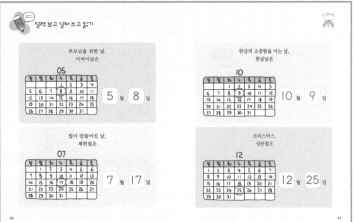

42 ~ 43쪽

46 ~ 47쪽

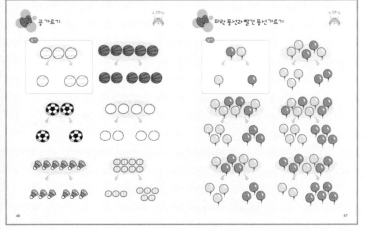

48 ~ 49쪽

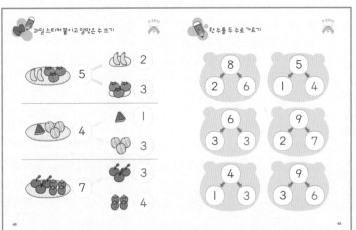

50 ~ 51쪽

52 ~ 53쪽

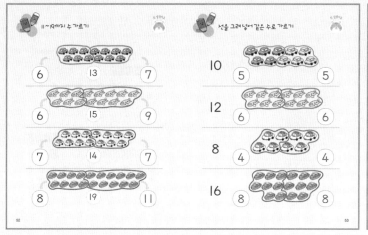

54 ~ 55쪽

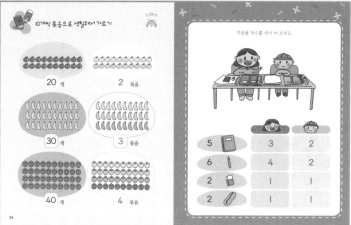

58 ~ 59쪽

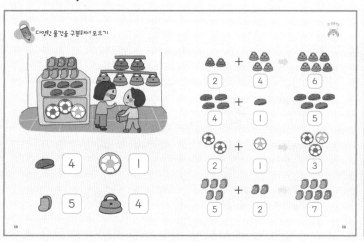

60 ~ 61쪽

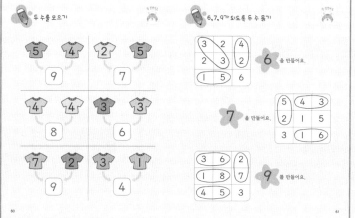

62 ~ 63쪽

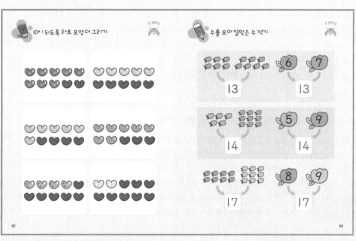

64 ~ 65쪽

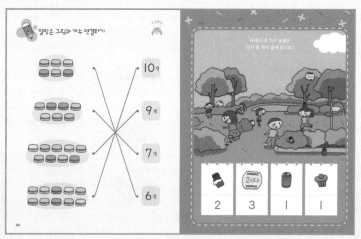

정답

68 ~ 69쪽

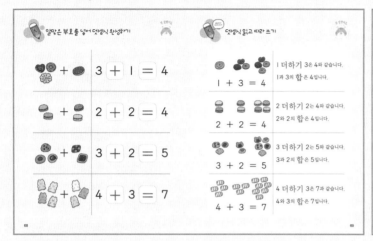

70 ~ 71쪽

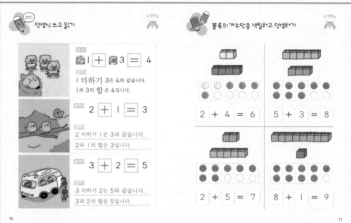

72 ~ 73쪽

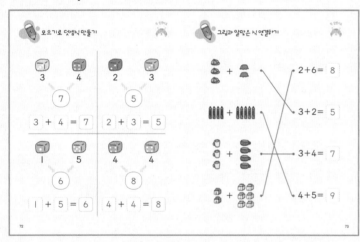

74 ~ 75쪽

76 ~ 77쪽

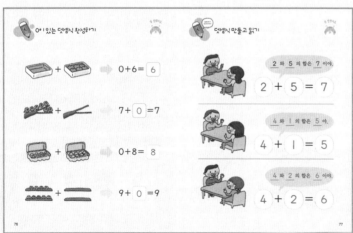

78 ~ 79쪽

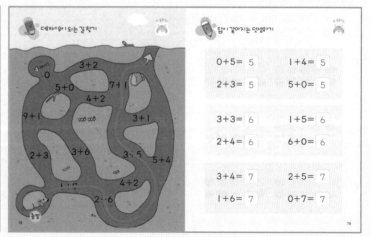

80 ~ 81쪽

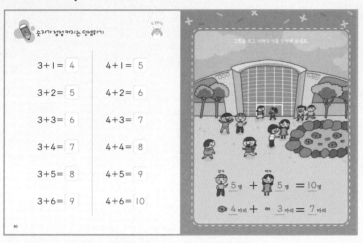

84 ~ 85쪽

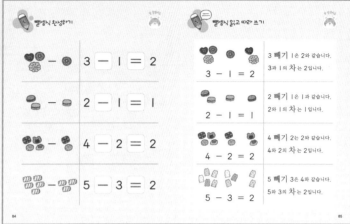

86 ~ 87쪽

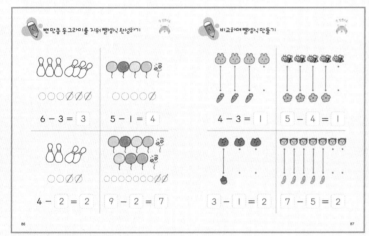

88 ~ 89쪽

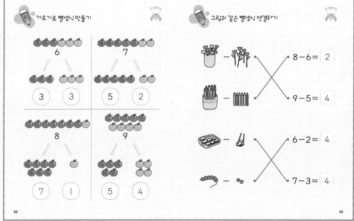

90 ~ 91쪽

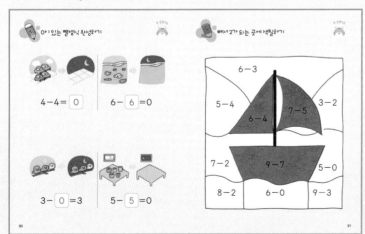

92 ~ 93쪽

5-0= 5	6-1= 5	5-0= 5	7-0= 7
7-2= 5	8-3= 5	5-1= 4	7-1= 6
5-2= 3	7-4= 3	5-2= 3	7-2= 5
8-5= 3	9-6= 3	5-3= 2	7-3= 4
3-2= 1	4-3= 1	5-4= 1	7-4= 3
6-5= 1	9-8= 1	5-5= 0	7-5= 2

정답

94 ~ 95쪽

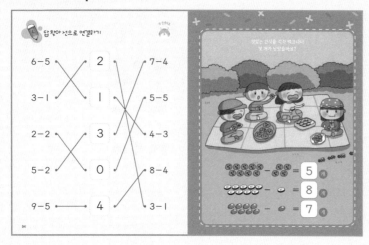

메모

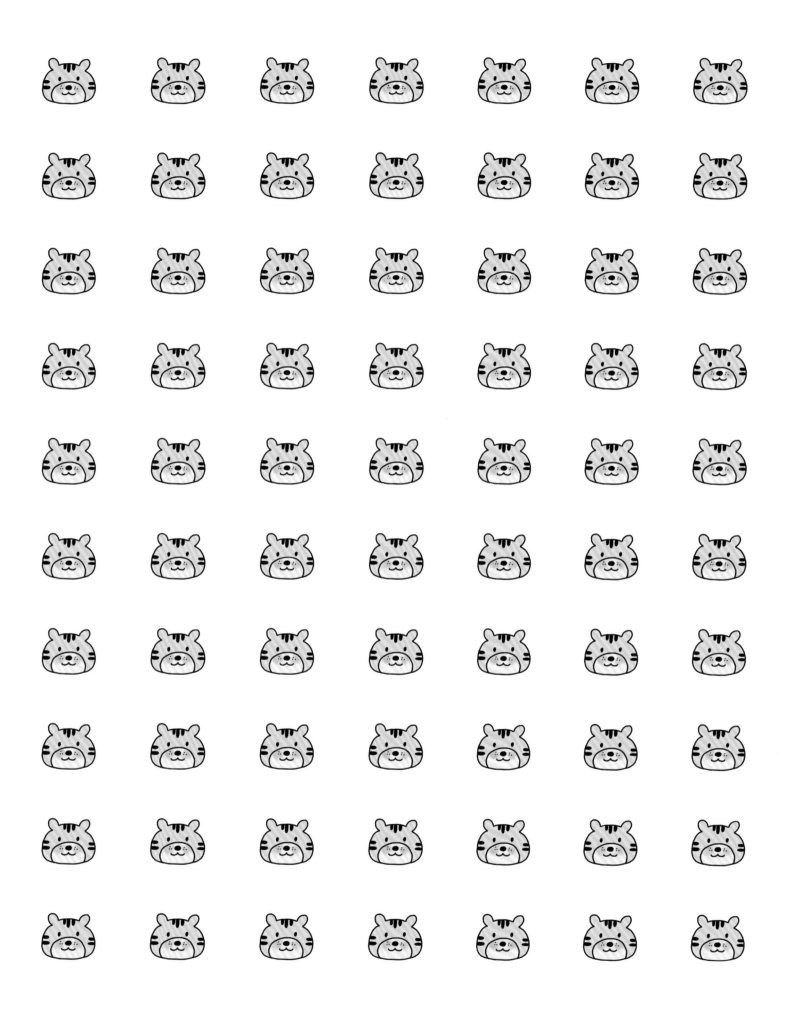

-18쪽

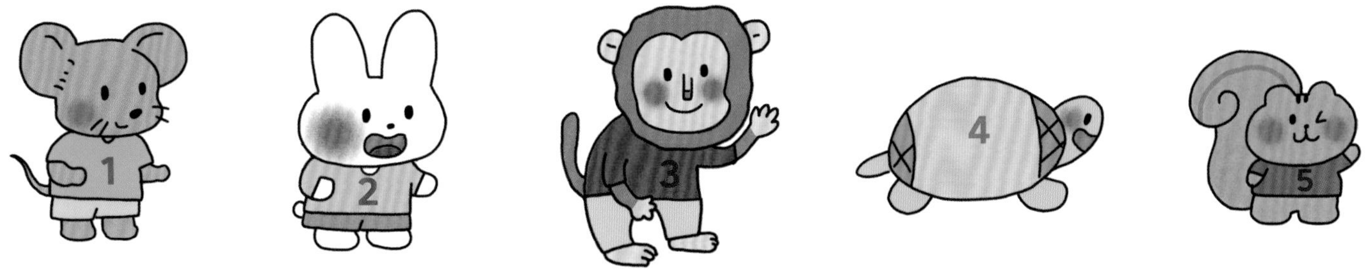

-46쪽

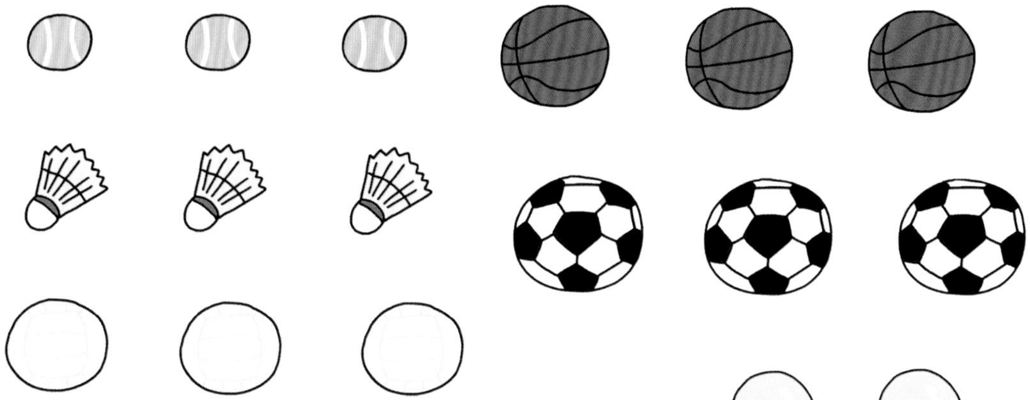

-48쪽

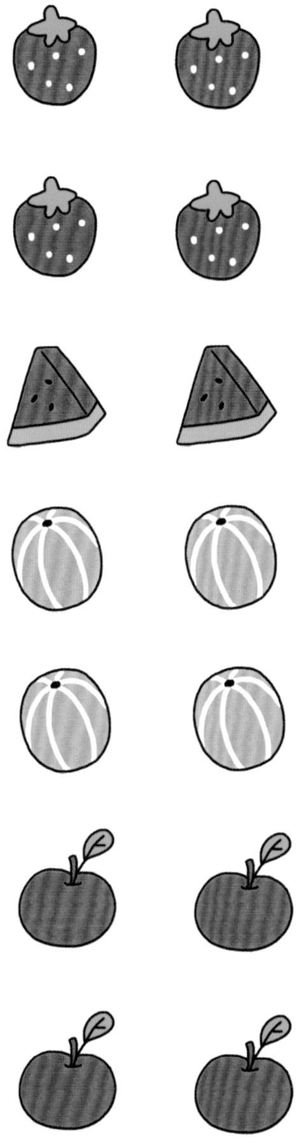

-47쪽

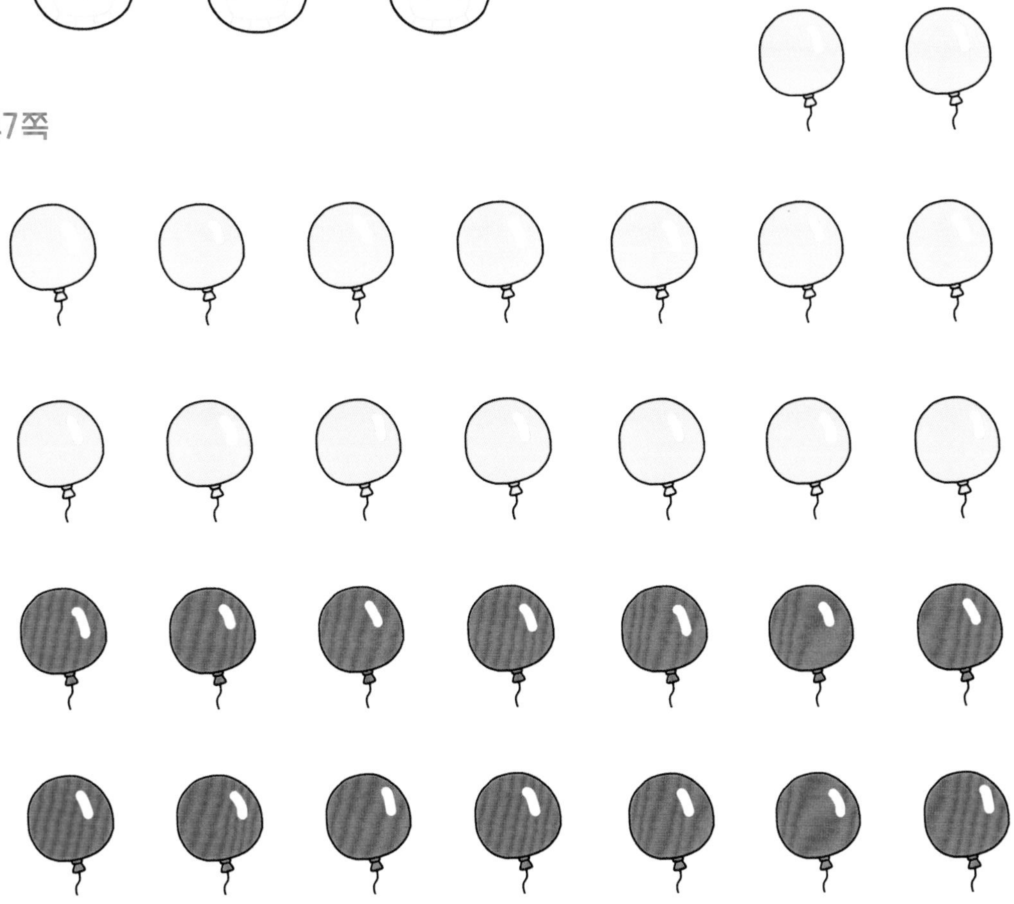

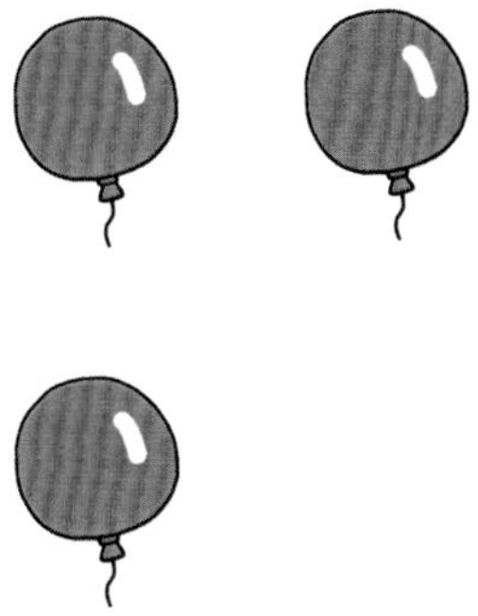

-51쪽

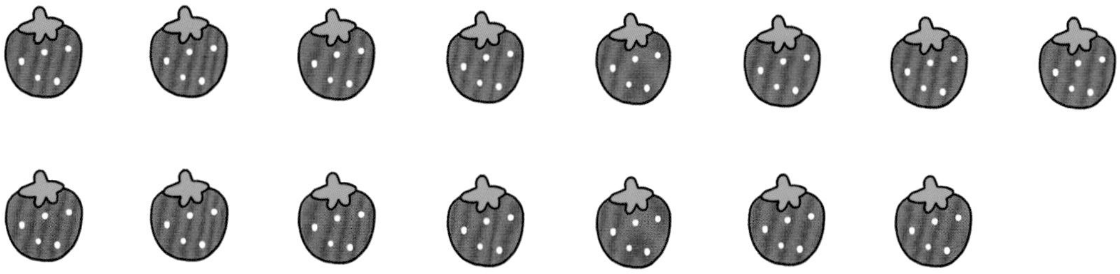